DISCOURS
EN FAVEUR
DU THÉÂTRE FRANÇOIS,
CONTRE
LES USURPATIONS DE L'OPÉRA.

12 sols broché.

A AMSTERDAM;

Et se trouve A PARIS,

Chez COLAS, Libraire, place de Sorbonne, attenant le College de Cluny.

M. DCC. LXXX.

DISCOURS
EN FAVEUR
DU THÉÂTRE FRANÇOIS,
CONTRE
LES USURPATIONS DE L'OPÉRA.

LA cause que je vais défendre n'est pas d'une si légere importance qu'on pourroit le penser ; en m'élevant contre les usurpations de l'Opéra, il semble d'abord que je n'aie en vue que le seul bien des acteurs françois ; mais c'est le moindre motif qui m'ait fait écrire en faveur de leur Théâtre. J'ai vu notre république des lettres menacée d'une révolution funeste ; j'ai vu qu'on y confondoit l'anarchie avec la liberté, que les caprices y étoient substitués aux loix, que chacun n'y vouloit pour maître que sa fantaisie. J'ai eu même la douleur de voir quelques littérateurs de mérite soutenir les mutilations que j'improuve, & le public enfin se ranger du parti de la révolte & de l'infidélité. J'ai gémi quelque tems dans le silence. J'espérois que des écrivains connus ne verroient pas de sang froid défigurer les maîtres du Théâtre. Vain espoir ! les uns ont été retenus par la peur du ridicule ; les autres ont craint l'accusation de partialité. A l'abri d'une inculpation pareille, armé des vrais principes, soutenu par la bonté de ma cause, j'ose descendre dans l'arene ; j'ose y défier mes adversaires, & les y attendre sans orgueil & sans crainte. La victoire peut échapper quelque tems au parti que je soutiens, mais elle doit tôt ou tard lui revenir. Les succès de l'erreur n'ont jamais été que passagers.

O vous ! à qui je m'adresse, citoyens de tous les états, mon but, dans ce discours, n'est point de vous asservir à mes idées, mais de vous ramener à des axiomes littéraires avoués de tous les peuples. Séduits par l'attrait de la nouveauté, vous n'appercevez pas le danger des entreprises de l'Opéra contre le Théâtre de la nation. Livrés à des enthousiastes qui vous trompent, vous applaudissez à ces écrivains qui, portant une main hardie sur nos chefs-d'œuvre dramatiques, les mutilent pour se les approprier, & transportent ces belles productions, de leur sol naturel, sur une terre étrangere. Il faut dissiper le prestige ; il faut opposer la justice aux abus, la raison au fanatisme, le bon goût à l'inconstance. Il faut remettre, sous vos yeux, l'ordre établi par les fondateurs de nos deux Théâtres, les bornes que la nature & de sages conventions ont prescrites à l'un & à l'autre ; bornes d'autant plus sacrées, qu'on ne peut les franchir sans altérer la source de vos plaisirs, sans en diminuer le nombre, ou même sans vous exposer à n'en plus avoir dans aucun genre.

Les Spectacles sont-ils utiles, indifférens, ou funestes en eux-mêmes ? ce n'est point ce qu'il s'agit d'examiner dans cet ouvrage. La musique de M. Gluck est-elle vraiment dramatique, ne l'est-elle pas ? c'est une question qu'il ne m'importe pas de résoudre. Ainsi laissant d'un côté les anathêmes de Rousseau contre la Comédie françoise, les invectives de la Bruyere & de Saint-Evremond contre le Théâtre de l'Opéra ; d'un autre côté, me tenant à l'écart des disputes musicales qui viennent de s'élever, & qui ne font rien à mon sujet, je me borne à prouver que le seul genre de Quinault est admissible à l'Opéra ; qu'y vouloir introduire la pure Tragédie, c'est ruiner à la fois le Théâtre qu'on dépouille, & rendre monstrueux celui qui l'usurpe ; c'est nous priver gratuitement du charme & de la variété qui fit adopter l'Opéra dans sa naissance ; c'est accélérer la chûte des Lettres ; c'est étouffer le peu de talens tragiques qui nous restent.

L'art d'Eschyle, poli dans Athenes par ses deux successeurs, n'avoit trouvé, durant plusieurs siecles, que des copistes serviles ou des esprits boursoufflés, qui, loin de perfectionner la tragédie, l'avoient avilie ou corrompue. Une grandeur gigantesque, des irrégularités monstrueuses, laissoient un intervalle immense entre les poëmes de l'ancienne Rome, de l'Europe moderne, & les écrits des Sophocles & des Euripides. Le siecle de Louis XIII étoit destiné à produire un de ces génies étonnans fait pour créer l'art, s'il ne l'eût point été déja, & pour lui donner une fin supérieure à celle qu'il avoit eue jusqu'alors. Egaré d'abord par un respect aveugle pour les maîtres du Théâtre, il suivit également & leurs préjugés & leurs principes. Sa modestie cessant de lui déguiser ses forces, il abjure cet hommage superstitieux, indigne du grand Corneille. Fidele désormais aux seules regles que la nature & des vues sages avoient fournies aux anciens, il estime que la raison seule doit maîtriser son génie dans la nouvelle route qu'il va se frayer. Libre de toute entrave ignominieuse, luttant contre le faux goût de son siecle & de ses prétendus rivaux, il frappe sur tout ce merveilleux, l'ame & le ressort de la plupart des Tragédies anciennes & modernes. Ce n'est plus dans la fatalité, dans le système absurde du paganisme, dans les oracles de la fable, qu'il va puiser l'action dramatique & ses ressources ; c'est dans l'ame de ses acteurs, dans la politique des gouvernemens, dans les passions qui les font mouvoir. Ainsi fait-il connoître à sa nation un intérêt & des mouvemens que la Grece avoit ignorés. Ainsi ravit-il pour jamais à Sophocle & à Euripide le sceptre que nul poëte n'avoit encore osé leur disputer.

Un nouveau Spectacle se forme bientôt des sujets rebutés du Chantre des Horaces & de Cinna. La magnificence de Louis XIV, l'arrivée de Lully dans cette capitale font concevoir à Quinault le projet d'élever un Théâtre à des dieux chassés de leurs temples, & méprisés de tout l'univers. Créateur de l'Opéra françois, il y rétablit le culte de la religion païenne, il y fait revivre la magie. Le chant y est désormais le seul débit usité. La peinture & la danse y viennent réunir leurs charmes à ceux de la poésie & de la musique. Tout y est animé, tout y est réalisé. Quinault dispose à son gré de la terre, du ciel, des enfers même, pour contribuer à nos plaisirs.

Le public court en foule admirer Lully; la muse du poëte renaît de ses cendres; sa réputation n'est plus contestée parmi les gens de lettres : le seul Boileau s'obstine à lui refuser du mérite, mais plusieurs écrivains s'élevent contre la nouvelle espece de Tragédie que l'auteur d'Isis vient de créer. Les uns la réprouvent sans pitié, les autres l'admettent avec des restrictions. Or, si ces derniers trouvoient même à redire qu'on chantât certains morceaux du dialogue en des poëmes où tout étoit charme & prestige; si, dans un sujet merveilleux, ils improuvoient quelquefois cette magie du langage, quelle eût été leur indignation de voir Quinault introduire à l'Opéra les fables vraiment tragiques ? Ces absurdes innovations, ce bouleversement de tous les principes, cette confusion de deux arts distincts & séparés par leur nature, ne pouvoient être adoptés que dans un siecle où la présomption tient lieu de génie, l'arrogance de lumieres, où il suffit enfin d'être protégé pour avoir du mérite & obtenir de la célébrité. Il étoit réservé à ces tems modernes de souffrir qu'on dénaturât les deux Iphigénies, & d'applaudir à leurs mutilateurs. Le fanatisme n'a-t-il pas même poussé la frénésie jusqu'à préférer de lâches copies à de superbes originaux ?

Quelle a été la suite de ces succès inconcevables, de ces bifarres éloges ? Encouragés par nos journalistes, des auteurs inconnus vont ravir à la scene françoise Electre, Mérope, Andromaque (1), Sémiramis. L'instrument perfide qui doit les mutiler est déja levé, & nul n'essaie de le détourner. Ah ! si dociles une fois à la voix de la raison & de l'équité, ces messieurs vouloient épargner les chefs-d'œuvre que je réclame en faveur de ceux que je leur cede ; si Théfée, Isis, Bellérophon pouvoient fauver de l'infamie nos pieces françoises....... Oui, je leur livre Quinault sans réserve ; qu'ils s'en contentent. Qu'ils s'exercent à leur gré sur tous ses poëmes, je leur promets de fermer les yeux sur le bon ou mauvais usage qu'ils en feront. Rejeteroient-ils mes offres sur ce prétexte frivole qu'il ne peut y avoir aucun intérêt dans un drame abandonné à des êtres fantastiques, qu'on y prévoit le dénouement de l'intrigue la plus compliquée, que nos idées, touchant la divinité, ne peuvent s'accorder avec les passions & les foiblesses que lui supposoit Quinault ? Eh ! quoi ? ne peut-on oublier un instant le pays où l'on vit ? L'antiquité nous a peint ses dieux jaloux, cruels, vindicatifs, asservis enfin à toutes les fureurs humaines.

---

(1) Je ne dirai rien d'Andromaque. Le public a rendu justice à cette parodie. L'auteur de cet ouvrage se plaignoit, il y a quelques jours, de son peu de succès : mais ce n'est point sa chûte qui l'inquiétoit, c'étoit celle de Racine. Peut-il se dissimuler qu'à peine on retrouve dans sa production *Disjecti membra poetæ*.

Le plaisir de nous attendrir sur les malheurs de nos semblables en butte aux accès de ces dieux, & victimes de leur puissance, ce plaisir si doux ne peut-il nous faire excuser, pour quelques momens, les erreurs du paganisme, & nous plier à ses idées ? N'y a-t-il aucune satisfaction à pleurer avec Cybele la mort d'Atys, à partager avec Psyché la colere de Vénus, avec Io le ressentiment de Junon, & les effets de sa jalousie ? N'y a-t-il aucune volupté pour une mere à se désoler avec Cérès de la perte de Proserpine ? La chûte de Phaëton, & son supplice, n'ont-ils rien d'effrayant pour les téméraires & les ambitieux ?

Sans doute, nous n'avons point à craindre toutes ces forces idéales; mais ne sont-elles pas les emblêmes de celles dont nous dépendons ? Les feintes persécutions que les dieux suscitent aux héros de la fable sur le Théâtre de l'Opéra, ne sont-elles pas le miroir de celles qu'une autorité supérieure peut nous faire éprouver ? Et fût-il vrai que l'Opéra, tel que je le conçois d'après Quinault, ne causât jamais une illusion complete; fût-il vrai que tout ce mêlange de dieux, de génies & de mortels ne pût jamais s'allier avec la terreur & la pitié ? en conclura-t-on qu'il faut purger de tous ces êtres fabuleux le Théâtre lyrique, & y faire agir à leur place les héros de Corneille & de Racine ? Croit-on que ce Spectacle soit susceptible d'une telle perfection, & qu'il en devienne plus intéressant ?

Point d'intérêt au Théâtre sans vraisemblance ; point de vraisemblance dans la pure Tragédie notée,

& mélodieusement recitée sous la direction d'un orchestre. Qui se persuadera jamais qu'un chef des rois de la Grece, le superbe Agamemnon, forcé de sacrifier sa fille la plus chere, ou d'abjurer sa dignité, s'asservisse à la mesure pour exprimer les mouvemens de la nature & de l'ambition ? Comment se figurer qu'Achille, le bouillant Achille, accusé d'infidélité par la bouche de ce qu'il aime, attende, pour éclater, l'ordre d'un maître de chapelle ? Quel homme peut voir, de sang froid, Oreste & Pilade disputer en chantant à qui doit mourir ? Accoutumés d'ailleurs à les entendre parler sur le Théâtre françois, comment leur passerons-nous tout autre langage sur celui de l'Opéra ? Ce sont de ces bizarreries qui choquent trop le sens commun, les loix fixes du Théâtre, la nature & la marche des passions pour que je puisse m'y prêter, quelque effort que je me fasse. Je rejette avec mépris & la piece, & l'action qu'elle me soumet. Le héros disparoît à mes yeux ; je n'apperçois que le chanteur. Dans les divers tableaux qui me sont offerts, je ne vois que des fictions révoltantes indignes de m'occuper ; des combats qui devroient déchirer mon ame, la laissent dans la plus parfaite indifférence, ou plutôt je sors indigné de voir lâchement travestir tout ce que la tendresse paternelle, l'amour & l'amitié ont de force & d'héroïsme. Peut-être m'objectera-t-on qu'il est aussi absurde d'entendre un Grec, un Romain, un Sarmate s'exprimer en vers & en françois à la Comédie nationale, que de l'entendre chanter à l'Opéra. Mais cette objection tombe d'elle-même quand on réfléchit que la poésie est un langage conventionnel admis sur tous les Théâtres du monde, & qu'on examine de près la cause de cette adoption générale. Tous les peuples n'ont-ils pas eu deux manieres de s'énoncer, la prose & la poésie? Les inventeurs de l'art tragique avoient donc à choisir de ces deux langages? Leur choix devoit être déterminé par la belle imitation de la nature & le plus grand plaisir des spectateurs. Or, leur but principal étant de nous instruire & de nous intéresser, ils avoient à peindre de grands caracteres, ils devoient nous exposer des héros pris dans les momens les plus importans de leur vie. La dignité de l'action, & des personnages qui l'exécutoient, exigeoit des Eschyles & des Corneilles, qu'ils admissent des deux langages celui qui avoit le plus de noblesse, d'énergie & de majesté. Leur but accessoire étant de flatter nos oreilles, ils devoient préférer la diction la plus sonore & la plus nombreuse.

Quant à l'idiome françois usité sur nos Théâtres, il ne me choque pas plus que le rhythme du dialogue. Et qu'importe que Cinna, Burrhus, Mérope, Pharasmane parle sa langue ou la mienne, pourvu qu'en le mettant sur notre scene, on lui conserve de son caractere, & des mœurs de son pays tout ce qui ne heurte pas nos idées & nos bienséances théâtrales?

En outre, qu'on observe que l'Opéra joint à ce double inconvénient, si toutefois on peut l'accorder à mes adversaires; qu'on observe qu'il joint à ce double inconvénient le vice que je lui reproche. Or comment s'amuser à un Spectacle qui n'est qu'un amas d'invraisemblances ?

Aussi quel peuple s'est avisé jamais de faire chanter ses vraies Tragédies ? Les Grecs, s'écrient déja les partisans de M. Gluck ; les Italiens, les enthousiastes de la musique italienne. Mais ces derniers peuvent-ils être pour nous de quelque autorité dans les convenances dramatiques ? N'est-il pas d'ailleurs de toute notoriété que la confusion des genres a ruiné chez les ultramontains le peu de talens tragiques qu'ils avoient, & qu'en sacrifiant tout à leur musique, ils sont parvenus à n'avoir que de médiocres ouvrages sur tous leurs Théâtres ?

L'assertion des Glukistes est un peu plus grave ; mais a-t-elle quelque fondement ? Les Grecs chantoient-ils leurs Tragédies ? leur Mélopée est-elle ce qu'en ont dit Jean-Jacques & ses sectateurs ? Je commence par défier mes adversaires de me citer un ouvrage de l'antiquité où ils aient pu se faire une idée juste & précise de cette Mélopée, qu'ils nous objectent avec assurance. Je les défie encore plus de nous montrer une piece d'Eschyle, de Sophocle & d'Euripide notée de la maniere qu'ils l'entendent. Or n'y a-t-il point de la témérité à raisonner d'une chose qu'on ne connoît qu'imparfaitement ? Leur opinion d'ailleurs n'est-elle pas contredite par nos érudits les plus versés dans le Théâtre grec, & qui ont fait le plus de recherches sur le débit des acteurs d'Athenes ? Enfin ne suffit-il pas du simple sens commun pour la rejeter ?

Comment concilier cette déclamation notée & modulée avec l'urbanité grecque ? La patrie des Sophocles & des Euripides, Athenes qui les couronna tant de fois, peut-on la suppofer affez ftupide & affez groffiere pour fouffrir feulement qu'on déclamât leurs Tragédies ? Ignoroit-elle que la déclamation, ce débit emphatique & ridicule, le partage du vil rhéteur, étoit indigne du vrai comédien ? Dire la Tragédie avec nobleffe, peindre les paffions avec énergie, voilà ce qu'au rapport d'Horace, Efchyle avoit appris aux acteurs de la fcene attique ; voilà ce qu'un peuple délicat & poli exigeoit d'eux. Or fi la déclamation étoit bannie des falles grecques, à combien plus forte raifon cette pfalmodie qu'on leur prête.

N'eût-il point fu d'ailleurs, ce peuple éclairé, que de tous les arts, la mufique eft le plus borné peut-être, que tout ce qui eft raifonnement lui eft inacceffible, qu'il y a même une infinité de fentimens qu'elle ne caractérifera jamais ; tels font ceux d'ambition, & de fierté ? Eût-il pu ne pas s'appercevoir que l'expreffion du chant eft prefque toujours outrée, que fa tournure ralentit, & glace par conféquent tout ce qui demande au théâtre de la rapidité, pour produire fon effet ? Telles font les reconnoiffances, les vives furprifes. Enfin eût-il permis qu'au lieu d'un débit varié, qui rend tout, qui s'étend à tout, on lui offrît un récitatif monotone, & infuffifant, où, peu fatisfait d'eftropier le vrai fens des paroles, le muficien n'étrangle pas moins que dans *les airs* la véritable profodie, & l'exacte prononciation du langage ?

Que les Glukiftes ceffent donc de nous entretenir de cette déclamation notée & modulée qui n'a jamais exiſté que dans leur tête ; qu'ils ne bercent plus le public de ces termes, *expreſſion de la douleur antique, chœur virginal*, termes vuides de ſens, & qui, ſi on pouvoit leur en donner un, couvriroient de ridicule les premiers qui s'en ſont ſervis ; qu'ils ne nous flattent plus de l'eſpérance de ce merveilleux récitatif que nous cherchons depuis ſi long-tems, & que nous ne trouverons pas ſans doute de ſi-tôt. C'eſt pourtant à cet eſpoir chimérique, ou tout au moins incertain, que la ſcene françoiſe eſt ſacrifiée journellement. Quoi, le public ne devroit-il pas voir qu'en ſoutenant les uſurpations de l'Opéra, il ſe prive de tout ce qui fait au Théâtre le charme de la raiſon & de la ſenſibilité ! Que le premier & le plus riche de tous les arts y eſt dans l'eſclavage du plus meſquin & du plus pauvre en reſſources ? Que faute de pouvoir s'élever à la hauteur de la poéſie, la muſique l'oblige de ſe rabaiſſer à ſa petiteſſe ? De-là point de marche, point d'ordonnance, point de motif dans les divers poëmes lyriques ; de-là nos plus belles Tragédies ſe convertiſſent en de miſérables canevas dignes des treteaux des boulevards. Que nous importe, me dira-t-on peut-être, le développement d'un Drame, pourvu que le poëte fourniſſe des ſituations au muſicien ? Et peut-il lui en fournir qui excitent des mouvemens parfaits ſans ce développement que vous mépriſez ? Du reſte, qu'on ne ſe méprenne point à ce mot ; qu'on ne croie pas que par développement, j'entende la maniere de la plupart des tragiques modernes, qui pour briller eux-mêmes, oublient souvent leurs personnages, & qui mettent des vers sententieux dans la bouche des comédiens quand le trouble & l'agitation sont dans l'ame des héros qu'ils représentent. Il faut de l'action, je le sais. Mais croyez-vous avec le peuple, qu'elle consiste dans cet amas confus de coups de Théâtre, dans cet assemblage monstrueux d'événemens qui se heurtent les uns les autres, qui se précedent & se suivent sans liaison & sans ordre ? Ah ! si c'étoit-là le sublime de l'art, quel esprit médiocre ne pourroit se flatter d'y atteindre ? De combien le mérite de du Belloi l'emporteroit sur celui des Corneilles & des Racines ? Il faut de l'action au Théâtre. Mais l'action dramatique est-elle autre chose que la sage économie de son sujet, le contraste des passions & des caracteres opposés, l'heureuse filiation des divers incidens, en un mot, cet accroissement de trouble & d'intérêt ménagé avec adresse jusqu'à la fin du Spectacle ? Or tout cela demande des gradations & des nuances. Il faut que le poëte présente ses héros sous tous les aspects dont ils sont susceptibles, en un mot qu'il conduise la nature sur la scene, & l'y laisse agir sans licence & sans contrainte. C'est de cette seule disposition que résultent ces grands effets, ces situations capables de nous attacher, & de nous remuer; c'est de ce seul développement que la crainte & la pitié tirent leur charme & leur énergie. Voilà le vrai de l'art, tout le reste n'en est que le charlatanisme.

A ces défauts de vraisemblance, d'expression &

de développement inséparables du Spectacle lyrique, tel qu'on le veut aujourd'hui; à ces défauts s'en joint naturellement un autre, qui ne fait rien sans doute à la bonté premiere d'une piece, mais qui n'en est pas moins funeste à l'illusion dramatique. Ce vice est le jeu maussade ou forcené des acteurs académiciens; vice qu'on s'efforceroit en vain de corriger. Trop d'obstacles s'opposent à sa destruction; trop de causes concourent à le perpétuer. La voix est la premiere qualité d'un chanteur. La connoissance de la musique est la premiere qu'il doit avoir. Où va-t-on chercher aussi les acteurs de l'Opéra? Dans une cathédrale, dans un concert : en un mot dans tous les endroits où l'art du chant est cultivé, & où l'on espere trouver des chanteurs agréables, ou qui peuvent le devenir. Transportés de ces lieux étrangers au Théâtre, sur la scene de l'Opéra, ils y montent avec toute la gaucherie du métier qu'ils viennent de quitter, avec toute l'ignorance de la profession qu'ils vont exercer. Or s'il faut plusieurs années pour faire un bon comédien françois, d'un acteur de province qui arrive même à Paris avec l'habitude de la scene, des talens exercés, & des connoissances de son art; qu'espérer d'un homme inculte pour qui tout est nouveau, dirigé par des maîtres qui n'en savent guere plus que lui? Asservi d'ailleurs à une expression notée, fausse ou vague le plus souvent, n'ayant que des poëmes tronqués sous ses yeux, entrera-t-il jamais dans le sens du rôle qu'il doit jouer? Comment le rendra-t-il d'une maniere intéressante

ressante & vraie ? Froid ou boursoufflé, il sera toujours au-dessous ou au-dessus de ce qu'il doit être. Voyez le roi de la scène lyrique, ce prodige si vanté de nos jours, cet acteur étonnant sans doute à côté de ses camarades, que seroit-il auprès de Brisard, & de Larive même ? La flatterie peut exagérer ses talens, l'ignorance peut le mettre en parallele avec ce tragédien sublime dont nous regretterons long-tems la perte. Qu'il sache de moi qui ne veux ni le flatter, ni le tromper, qu'un bel organe, une bonne articulation ne suffisent pas pour jouer la Tragédie. Encore même je ne sais s'il faut lui savoir gré de bien prononcer les paroles de nos poëtes lyriques. En imitant ses confreres, en nous dérobant, comme eux, le plus grand nombre des vers qu'il chante, sans doute, ce seroit un supplice de moins qu'il éviteroit au spectateur.

Quelle est donc cette fureur de l'Opéra d'usurper des pieces qui passent la portée de ses sujets ? Quelle rage à lui d'enfanter des monstres quand il peut avoir un Théâtre digne des honnêtes gens ? C'est à la magie, aux machines, au luxe des décorations, à un composé de mensonges, qu'il doit son illusion & sa vérité. Le prodige seul a fait recevoir ce Spectacle; le prodige seul l'a conservé pendant un siecle, lui sied-il de le mépriser ? Les fables qu'il se propose ont-elles les ressources des poëmes de Quinault ? La danse ne lui est-elle pas essentielle aujourd'hui ? Or cet art peut-il entrer seulement comme un simple accessoire dans le nouveau genre que M. Gluck veut introduire, sans le rendre encore plus absurde ?

B

Il sera donc proscrit cet art le mieux exercé qu'il y ait sans doute à l'Opéra, que dis-je, aujourd'hui le plus parfait peut-être de tous ceux que nous cultivons ? Et le public consentiroit à se priver d'un talent sublime dans Vestris, majestueux dans Heinel, plein de grace & de variété dans Guimard, de caractere & d'expression dans Alard & d'Auberval ? Et qui le dédommageroit de cette perte, seroit-ce une musique décousue & bruyante, des acteurs médiocres tout au plus, des pieces sans conduite & sans vraisemblance ?

Que l'auteur d'Armide avoit bien vu la forme dont son Théâtre étoit susceptible ! S'il eût pensé que la vraie tragédie fût convenable à l'Opéra, eût-il hésité d'arranger pour ce Théâtre son Astrate, & tant d'autres de ses pieces tombées sur la scene françoise ? N'eût-il point cherché à les relever de leur chûte dans une salle où le public les eût jugées avec moins de sévérité ? Mais il avoit trop de génie pour ajouter le ridicule aux malheurs qu'il avoit essuyés. Il sentoit que chaque Théâtre avoit ses limites, que le débit ordinaire étant celui des pieces françoises, le chant celui des Drames lyriques, il étoit aussi absurde de donner au Spectacle national des sujets pris dans l'ancienne mythologie, ou dans la féerie, que d'exposer ceux de Corneille sur la scene du Palais royal.

Il falloit suivre les vues de Quinault, s'attacher à perfectionner son ouvrage sur le plan qu'il avoit laissé. Il étoit possible de mettre plus de rapidité dans la marche théâtrale. Ses poëmes ont quelquefois des personnages épisodiques, indifférens, nuisibles même à l'action, on devoit les supprimer. Les fêtes sont quelquefois déplacées dans Quinault, il falloit les amener plus heureusement. Sa poésie est peu susceptible en général de ces beaux airs dont les compositeurs italiens nous ont fourni la première idée, il falloit suivre l'exemple de cet académicien célebre, qui sans gâter Quinault a su accorder sa lyre à celle de Piccini. N'avoit-on pas cette adresse ? Falloit-il y suppléer en dénaturant à la fois nos deux Spectacles ? Quelle indignité de forcer Racine à monter après sa mort sur un Théâtre qu'il méprisa durant sa vie ? N'est-il pas affreux qu'on ait choisi précisément son plus bel ouvrage pour amener cette révolution si fatale au goût & aux lettres ? O Racine ! quand tu embellissois ton modele, quand Euripide recevoit de tes pinceaux une noblesse, un coloris, une chaleur qu'il n'avoit pas, alors prévoyois-tu qu'Iphigénie, ce chef-d'œuvre de notre théâtre, le seul au moins devant qui s'abaissât le génie de Voltaire, alors prévoyois-tu que cette même Iphigénie seroit réduite un jour à la triste condition d'Opéra; que ses tableaux les plus vrais & les plus intéressans seroient immolés à des pantomimes, à des chansons tudesques, & que son immortel poëte seroit confondu avec un faiseur d'ariettes ? Cette nation dont il enrichit la langue, qui l'eût présumée assez ingrate pour souffrir qu'on travestît le style hardi & pur tout ensemble de son premier poëte, en un jargon plus barbare encore que celui du douzieme siecle ? Qu'elle n'excuse point son ingratitude sur le charme de la nouveauté. Peut-être lui pardonneroit-on d'avoir vu une fois l'Iphigénie bohémienne ; mais y être revenue, avoir admiré dans les premieres repréfentations, dans les reprifes le parodifte de Racine, c'eft une lâcheté qu'elle ne fauroit juftifier, c'eft avoir participé à l'attentat du mutilateur, c'eft avoir trempé dans l'injure faite au fucceffeur, à l'émule du grand Corneille.

Comment fur-tout a-t-elle pu montrer cet empreffement foutenu pour la feconde mutilation de ce genre ? Les cris des cannibales, un Spectacle digne des antropophages..... Un malheureux étendu fur une pierre, entouré de fpectres, & de furies..... Mes cheveux fe dreffent au feul fouvenir de cette fcene abominable.

Quoi, François, c'eft donc là ce que vous avez applaudi pendant deux mois ? Les roues, les potences, en un mot les jeux de la grêve, font-ils donc aujourd'hui les feuls qui vous conviennent ? la coupe d'Atrée vous fit reculer d'horreur au commencement de ce fiecle. Vos mœurs douces ne vous permirent point alors de foutenir la vengeance la plus motivée qu'il y ait peut-être au Théâtre : un morne effroi, le filence de la confternation troublé de vos feules imprécations contre l'auteur de Thyefte, la crainte même de fon approche, tel fut le prix funefte de fon travail. Que dis-je, ne regardâtes-vous point Crébillon comme un monftre avec lequel il étoit dangereux de vivre, & dont il falloit purger la fociété ? & l'on vous offre aujourd'hui une fcene qui dans la groffiéreté du Théâtre grec fit avorter les femmes enceintes, périr les enfans d'effroi, & vous n'en frémiffez pas! Une loi d'Athenes avoit ordonné qu'on diminuât l'horreur de ce Spectacle dans la Tragédie d'Efchyle; & vous fouffrez qu'elle foit augmentée par l'apparition d'une ombre fanglante, & produite fans deffein! Qu'eft devenue cette aménité de caractere, cette pureté de goût qui nous diftinguoit des autres peuples? Je fais que depuis quelques années on vous a familiarifés avec les Spectacles de carnage & de fang; je fais qu'on a eu l'audace de vous offrir un Faïel exerçant l'acte du plus vil affaffin, après avoir fatisfait aux loix de l'honneur. Raffafiés du bon & du vrai, vous avez couru à ces barbares monftruofités. J'ai vu même ce fexe, cette moitié de Paris qu'on nous dit être la plus fenfible & la plus délicate, je l'ai vue mêler fes pleurs atroces aux larmes de Gabrielle, & lui envier fecretement le plaifir infâme de ronger le cœur de Coucy; mais je n'avois pas encore vu des gibets dreffés fur nos Théâtres, je n'avois pas encore vu un héros criminel fans le vouloir, expofé fur la croix aux infultes de fes bourreaux. Oui, François, puifque cette affreufe fituation ne vous a point révoltés, puifque vous avez pu la foutenir de fang froid..... oui, je ne dois voir en vous que des ames.... Qu'allois-je dire? — Quelle voix fecrete retient ma plume? — non, toute fenfibilité n'eft pas perdue pour ma patrie. Oui, foit raifon, foit attachement pour elle, j'aime à me le perfuader. Oui, fi le public n'a point eu de cette fcene d'Orefte, des Euménides & de l'ombre de Clytemneftre, toute l'horreur qu'elle m'a infpirée, fi les râlemens de l'un, & l'effroyable aspect des autres, ne lui ont point fait déserter l'Opéra, j'aime mieux attribuer l'effet paisible de cette scene à la foiblesse du pinceau qui l'a tracée, à l'expression vague du musicien, qu'à l'atrocité des spectateurs.

Malheur à l'écrivain ténébreux qui a pu avancer dans les *petites Affiches*, que la piece de Guimond jouée dans les débuts du sieur Ponteuil, avoit paru froide à côté de son informe copie ! Malheur au stupide enthousiaste qui jugeant par lui du cœur & de l'esprit de ses compatriotes, a pu insulter à la délicatesse de la nation, & au mérite d'un auteur qu'elle ne cesse de regretter. *La Tragédie de Guimond a paru froide à côté de celle à qui le génie de M. Gluk vient de communiquer son énergie!* Et quelle est la scene de l'Iphigénie françoise qui n'ait fait couler plus de larmes que toutes les représentations ensemble de l'Iphigénie de Prague ? Comment lui-même, au mépris de son enthousiasme, a-t-il pu ne pas être attendri dans ces momens de trouble & de terreur, où Pilade & Oreste disputent à qui mourra l'un pour l'autre ? ah ! si l'éloquence & le pathétique de cette scene n'ont pu rémuer son ame, qu'il frémisse de son apathie, sans chercher à nous en rendre complices. S'il ose préférer la même scene dans le Drame bohémien, qu'il gémisse de son mauvais goût sans vouloir nous le faire partager. Que la forme de cet ouvrage ne me permet-elle de rapprocher ces deux scenes l'une de l'autre ! Je convaincrois encore mieux mes lecteurs de l'ineptie ou de la mauvaise foi du rédacteur dont j'attaque la décision. Dans la scene de la Touche, on reconnoîtroit l'art & la main du peintre; dans celle du parodiste, l'impéritie du barbouilleur. Le premier est descendu dans l'ame de ses héros, il en a pénétré tous les replis, il s'est approprié tous leurs sentimens, toutes leurs pensées. Prenant alternativement la place de ces deux amis, il a donné à l'héroïsme de chacun d'eux, l'expression qui lui convenoit. De-là ces ressources, cette vérité, cette force dans leur dispute. Le second se bornant à copier, s'en est rapporté au peintre pour le choix des traits. Mais pour ne leur rien ôter de leur vigueur, pour conserver à leur opposition toute son énergie, il falloit en avoir une vue claire & distincte, il falloit en observer les nuances, il falloit lire le cœur d'Oreste & de Pilade, dans la physionomie que la Touche leur avoit donnée. L'œil du mutilateur ne pouvoit aller si loin. L'intention de son modele étoit trop au-dessus de lui, pour qu'il pût la concevoir. Aussi d'un superbe tableau de Raphaël, n'a-t-il fait qu'une misérable estampe de Milet.

Voilà ce poëme si vanté de notre journaliste: étrange bizarrerie de ce siecle; voilà un de ces jugemens méprisés autrefois, & que la dépravation du goût nous fait aujourd'hui redouter. Tout le monde se dit éclairé, chacun veut régler le sort des productions dramatiques; & que de gens ne se décident que sur la foi de leur journaliste ! or les petites Affiches, & le Journal de Paris, sont les journaux du plus grand nombre. Leurs rédacteurs sont étayés d'une faction puissante qu'échauffe le même enthousiasme, qu'inspire un égal fanatisme. Au milieu de tant de clameurs, que deviendra la piece de la Touche? que deviendra le théâtre de ses succès ? Corneille a vieilli pour la plupart des spectateurs. On ne veut pas se transporter au tems où il écrivoit. La noble contexture de ses pieces, les sentimens élevés dont elles abondent, la majesté romaine qui y est mise au jour dans toute sa splendeur; enfin cet art heureux de nouer & de dénouer presque toujours avec succès la multitude d'événemens qu'il nous y présente, tout ce mérite ne sauroit lui faire pardonner l'usage de quelques expressions reçues dans son siecle, & surannées pour le nôtre. Que dis-je ? accablés même par la grandeur de ses héros, nous le traitons de gigantesque. Racine, Crébillon, Voltaire, restoient du moins à la Comédie françoise. Leurs chefs-d'œuvre joués plusieurs fois, dans l'année, attiroient à ce Théâtre un concours prodigieux de citoyens. En sera-t-il de même aujourd'hui, quand au mépris de tous les principes & des privileges de ce Spectacle, l'Opéra le dépouille avec audace ? Qui doute que le public ébloui du luxe & de la magnificence, qui suivront sur la scene lyrique les parodies des pieces françoises, ne goûtera plus ces mêmes ouvrages réduits sur le Théâtre de la nation à leur auguste simplicité, & n'ayant d'autres charmes que ceux qu'ils tiennent de la nature ou du génie de leurs immortels auteurs ? Examinera-t-il si ces Tragédies ont été dégradées dans leur passage d'une salle à l'autre ? Le peuple, cette classe qui comprend la majeure partie de ceux qui vont au Spectacle, le peuple est-il capable d'une telle discussion ? Tout mauvais poëme n'a-t-il pas droit de lui plaire, pourvu qu'il s'offre à lui sous un extérieur imposant ? Dans nos chefs-d'œuvre mutilés, il entendra nommer les mêmes acteurs, prononcer quelques vers conservés des originaux : en voilà assez pour lui faire croire que ce sont les mêmes ouvrages, débarrassés seulement de ce qu'ils ont de traînant & de superflu. D'un autre côté, le bruit musical, les danses, le jeu forcené des acteurs de l'Opéra, le parfait assemblage de tous les arts qu'il se flatte de trouver à ce Spectacle, que sais-je enfin ? un cahos de situations bien ou mal amenées, toutes ces causes lui rendront insupportables la belle marche de nos pieces tragiques, le jeu vrai de nos bons comédiens. En un mot, il fuira le Théâtre françois comme un vaste désert de Sibérie, dont les productions & les habitans ont toute la froideur du pays glacé qui les renferme. J'entends déja le cri de l'ignorance & de la présomption. Elles n'ont plus de beautés à découvrir dans nos chefs-d'œuvre. D'excellentes nouveautés, de grands acteurs pour les jouer, voilà ce qui peut les réconcilier avec le Spectacle qu'elles dépriment. Il semble, à les ouir, que la nature prodigue de ses trésors, les verse à notre fantaisie, qu'il suffit de lui demander des écrivains illustres, des comédiens dignes d'être leurs organes, pour qu'elle fasse éclorre les uns & les autres aussi rapidement que nos desirs sont formés. La manie du Théâtre est commune aujourd'hui, je le sais ; mais le vrai talent fut-il jamais plus rare ? Quel auteur, quel comédien s'annonce depuis la mort du grand Arouet, depuis celle de le Kain ?.... & quand il seroit possible que le Théâtre françois réparât ses pertes, n'est-il pas insensé de sacrifier des biens dont on est sûr, à des richesses incertaines ? *D'excellentes nouveautés, & de grands acteurs!* & pense-t-on que les usurpations de l'Opéra ne nuisent pas même aux prodiges à venir de la Comédie françoise ? Si nos plus belles pieces paroissoient aujourd'hui, qui peut se dissimuler qu'elles n'auroient aucun succès ? Accoutumé à de misérables squelettes d'Opéra, le public applaudira-t-il à des ouvrages bien nourris & bien proportionnés ? Quel parti prendront nos poëtes, qui peuvent avoir hérité des pinceaux & du génie de nos premiers tragiques ? En composant à leur maniere, ils feront des chefs-d'œuvre que je leur conseille de garder. Ils ne réussiroient pas. Mais que je crains cette ambition, le partage infaillible des talens sublimes ! Les longueurs & les rebuts qu'une mauvaise administration fait éprouver depuis quelque tems aux poëtes de la scene françoise, les offres de l'Opéra qui les appelle; tous ces motifs ne sauroient les détourner du sentier de la gloire : ils sont nés pour enrichir le Théâtre de la nation. En vain l'ingratitude des comédiens les invite à s'en bannir. Ils y resteront malgré eux, malgré leurs procédés. La patrie de Quinault n'offre que des myrthes, c'est dans celle de Corneille que croît le laurier. Ce laurier, l'objet de tous les vœux des grands poëtes, & leur plus digne récompense, à quoi se résoudront-ils pour l'obtenir ? N'en doutons pas. — Ils sacrifieront leurs grandes idées à la médiocrité de leurs juges, un goût fixe & formé sur les écrits des anciens, à un goût dépravé & variant sans cesse par cela même qu'il n'a point de regle. En un mot, ils disputeront avec les auteurs lyriques à qui mettra dans les pièces de Théâtre, le moins d'ordonnance & de régularité, à qui livrera le plus la scene à d'horribles monstruosités, à qui corrompra le plus la pureté du langage, & le beau style dramatique.

De la route que suivront nos Poëtes pour être applaudis, on peut juger de celle que vont tenir les comédiens. Ce n'est plus par le désordre des traits, par le trouble de la physionomie, qu'un acteur exprimera un sentiment profond, une passion violente; c'est par des cris, des convulsions, des grimaces. Cette troupe de comédiens, la meilleure de toute l'Europe, quelque médiocre qu'on la suppose, cette troupe ayant à paroître devant un public gâté, se ravalera pour lui plaire, à n'être que la copie de celle du Palais royal. En un mot, il faut opter des deux, en favorisant les mutilations de l'Opéra, ou de n'avoir plus de Comédie françoise, ou de faire du Théâtre le plus beau & le plus épuré qu'ait conçu l'esprit humain, le Spectacle le plus exécrable & le plus corrompu qu'il soit possible d'imaginer.

Voilà ce que vont opérer M. Gluck & ses poëtes! Voilà ce que soutiennent des écrivains de mérite, ou qui en ont du moins la réputation! Que leur Bohémien soit un grand homme; que semblable au Prométhée des anciens, il nous ait créé un sixieme sens; qu'ils le représentent dans son art, comme *Galaton* avoit peint Homere dans le sien; que sa bouche soit une source intarissable & à plusieurs jets d'où coulent les différentes sortes de musique, & où les autres artistes peuvent aller puiser en abondance : je ne m'oppose point aux honneurs qu'ils veulent lui rendre. Mais l'apothéose de M. Gluck ne peut-elle s'allier qu'avec la ruine ou l'aviliſſement de la Comédie françoiſe ?

Puiſſent au-moins tous les gens de lettres qu'une admiration aveugle pour M. Gluck n'a point égarés, puiſſent-ils s'unir enſemble pour empêcher l'effet de mes finiſtres préſages ! Le Théâtre françois les implore par ma voix. Nos témoignages de reconnoiſſance & de reſpect pour les précieuſes dépouilles des écrivains qui l'ont illuſtré ſuſpendoient ſa douleur par intervalles. Ces tributs de toute une nation le conſoloient en quelque ſorte, de voir les auteurs du Cid, de Phedre, de Rhadamiſte, & de Mérope, privés de cette immortalité aſſurée à leurs écrits. Puiſſent les protecteurs de ce Spectacle, puiſſent les vrais amis de la bonne littérature, puiſſent-ils conſerver à la ſcene françoiſe la ſeule conſolation qui lui reſte, & qu'elle eſt ſur le point de perdre ! Qu'ils ramenent de concert le public à ce beau Spectacle dont on cherche à l'éloigner. Que les uns ſoutiennent avec chaleur les privileges du Théâtre qui leur eſt confié ; qu'ils repréſentent à l'autorité que l'Opéra a des pieces particulieres, & qui ſeules lui ſont propres ; qu'eût-il beſoin pour ſe ſoutenir des moyens qu'il emploie, dans la néceſſité de perdre un des deux Spectacles, il vaut encore mieux ſacrifier celui qui n'eſt connu chez l'étranger que par ſon ridicule, ſon oppoſition avec le bon goût, pour ne pas dire, avec les bonnes mœurs, & la dépenſe énorme qu'il occaſionne à pure perte. Que les autres menacent de leurs anathêmes le premier qui, par des mutilations infâmes, osera insulter à nos poëtes tragiques, & travestir leurs chefs-d'œuvre. Que ceux-ci ni ceux-là ne soient rebutés dans leurs réclamations ou dans leur travail, ni par les dégoûts, ni par les amertumes qu'ils pourront éprouver d'abord. N'en seront-ils pas assez dédommagés par le retour des esprits à la raison & à la vérité ? Graces à leur constance & à leurs efforts ; oui, j'ose l'espérer, le gouvernement cédera aux justes demandes des uns ; averti par les leçons des autres, le public reviendra de son égarement, & ne permettra plus d'innovation funeste, tout rentrera dans ce bel ordre que le siecle de Louis XIV avoit établi. Les monstres relégués dans la patrie de Lopès & de Shakespéar n'oseront plus se montrer sur nos Théâtres. On n'entreprendra plus de nous émouvoir par des tableaux abominables. Le charme du style, ce charme qui fera vivre éternellement le chantre d'Athalie, ne sera plus méprisé de nos poëtes : soigneux également de la conduite & de la diction de leurs pieces, ils s'annonceront les dignes successeurs de nos Sophocles & de nos Euripides. En un mot le Théâtre françois, ce Théâtre qui a fait si long-tems l'admiration & le désespoir de toute l'Europe, conservera toujours sa premiere splendeur, & son ancienne supériorité.

FIN.

www.ingramcontent.com/pod-product-compliance
Lightning Source LLC
Chambersburg PA
CBHW060611050426
42451CB00012B/2200